Wie entsteht ein Regenbogen?

by Anja Offelder

Dieses Buch gehört:

Bibliografische Information der Deutschen Nationalbibliothek: Die Deutsche Nationalbibliothek verzeichnet diese Publikation in der Deutschen Nationalbibliografie; detaillierte bibliografische Daten sind im Internet über http://dnb.dnb.de abrufbar.

© 2018 Anja Offelder, Illustration: Anja Offelder; weitere Mitwirkende: Isabella Offelder

Herstellung und Verlag: BoD – Books on Demand, Norderstedt

ISBN: 978-3-7528-2267-0

Für Alexander

„Hallo!...
Ich bin Fiona, die Wetterfee!
Ich habe einen langen Zeh!

Ich will Euch verraten,
wie ein Regenbogen entsteht,
da das eigentlich einfach geht!

**Man braucht Sonne und Regen
zur selben Zeit,
und dann ist schon alles bereit:**

Wenn nun die Sonnenstrahlen
durch die Regentropfen scheinen,
und sich Sonnenlicht und Wasser vereinen,
dann entsteht - es ist nicht gelogen -

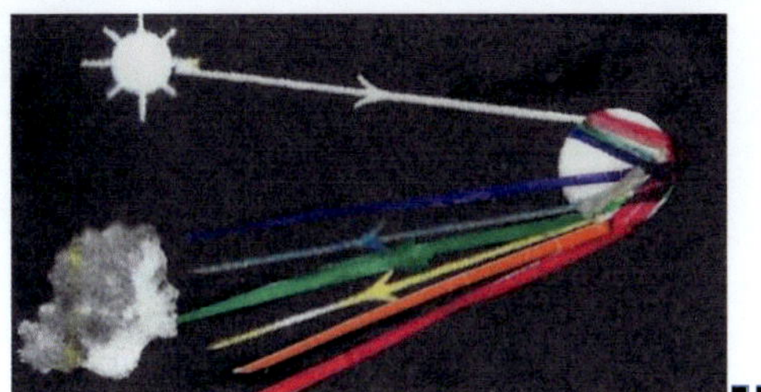

... wenn die Sonnenstrahlen

durch die **R**egentropfen scheinen ...

….ein wunderschöner

Regenbogen!

Zauberei ist das nicht,
sondern die Physik vom Licht,
wenn sich der Sonnenstrahl
im Regenwasser bricht!

... Wenn sich der Sonnenstrahl im Regentropfen bricht!...

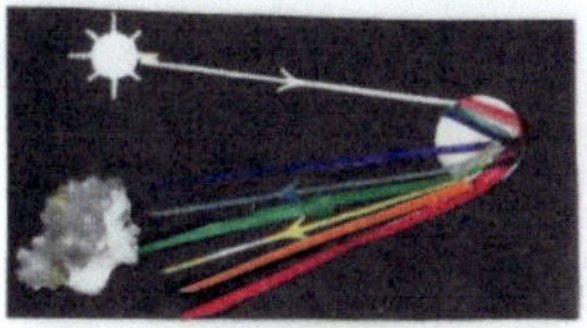

Die Sonne muss in Deinem Rücken stehen, sonst kannst Du keinen Regenbogen sehen!

Und merke Dir! - es ist nicht gelogen! :
42 Grad heißt der magische Winkel
für den Regenbogen!

Unter einem Winkel von 42 Grad kannst
Du den Regenbogen sehen,
aber die Sonne muss
in Deinem Rücken stehen!

Nicht höher als 42 Grad über dem
Horizont darf die Sonne sein,
sonst stellt sich kein Regenbogen ein.

Regenbögen sind unter einem Winkel von 42 Grad zu sehen

Auch die Farben will ich Dir nennen,
Ich denke, Du wirst sie alle kennen:

Oben kommt Rot,
es folgt Orange,
dann Gelb und Grün:
eine schöne Melange!
Nun kommen Blau und auch Violett
und fertig ist das Farben-Set!

Und wenn Du einen Regenbogen siehst,
sich Dir das Tor zur Märchenwelt
aufschließt.

Denn die Legende sagt:
„Wo der Regenbogen die Erde berührt,
da liegt ein Schatz begraben",

…wer ihn findet, wird Glück und
Reichtum haben!"

Quiz: Leseverständnis

Wie muss die Sonne stehen, um einen Regenbogen zu sehen?

- hoch ☐
- unter 42 Grad ☐
- egal ☐

Um einen Regenbogen zu sehen, muss die Sonne

- hoch stehen ☐
- in deinem Rücken stehen ☐
- dich blenden ☐

Wie entsteht ein Regenbogen? Man braucht:

- Schnee und Regen ☐
- Sonne und Wind ☐
- Sonne und Regen ☐

Es entsteht ein Regenbogen, weil:

- die Wetterfee ihn zaubert ☐
- es kalt ist ☐
- sich der Sonnenstrahl im Regentropfen bricht ☐

Male Deinen eigenen Regenbogen!

Und jetzt bist Du dran!
Male hier Deinen eigenen Regenbogen!

"Formel" für den Regenbogen

Sonne und Regen zur selben Zeit

Sonne im Rücken

Magischer Winkel 42 Grad

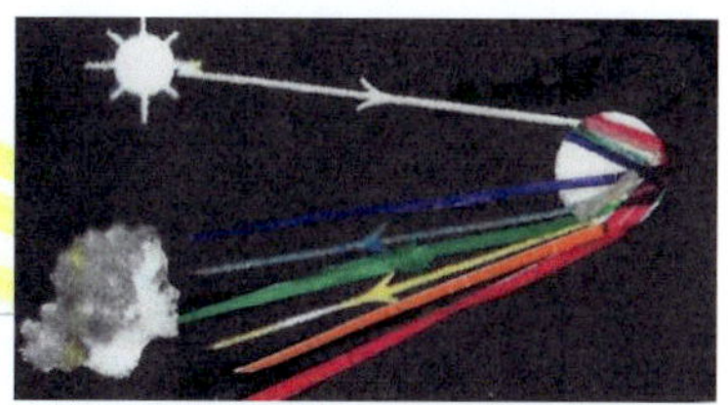

Sonnenlicht bricht sich im Regentropfen

Sonne + Regen + 42 Grad = Regenbogen